Naturstrolche
draußen kreativ

Basteln, kochen und werkeln unter blauem Himmel

Inhalt

- 4 Draußen ist das Abenteuer
- 6 **Am Wasser**
  - 8 Freche Flipflops
  - 10 Rindenboot-Regatta
  - 12 Schnapp das Känguru!
  - 14 Was im Weiher wächst
  - 16 Meine Matschhose
  - 18 Ich wohne im Wasser
  - 20 Mmh, Pizza!
  - 22 Wenn der Wind weht
  - 23 Besser als jede Flaschenpost

- 24 **Auf der Wiese**
  - 26 Sommergruß
  - 28 Regenwurmhotel
  - 30 Naschmandala
  - 31 Wiesenvolk
  - 32 Löwenzahnsalat
  - 34 Schau genau!
  - 36 Es war einmal...
  - 38 Cooler Schattenspender
  - 41 Macht Platz für die Wiesenprinzessin!

- 42 **Auf dem Fels**
  - 44 Tatort
  - 46 Monsterrucksack
  - 48 Wildnis-Kartoffel
  - 50 Klitzekleine Kieselklunker
  - 51 Schwimmende Steine
  - 52 Der Stein der Weisen
  - 53 Felsbewohner
  - 54 Auweia!
  - 56 Höhlenmalerei
  - 58 Superspiegelei

- 60 **Im Wald**
  - 62 Laubmännchen
  - 64 Brotzeitbox
  - 66 Winterfutterzapfen
  - 68 Bissiges Krokodil
  - 70 Bäumchen, wechsle dich!
  - 72 Waldgeburtstag
  - 74 Kuchen für alle!
  - 76 Waldhüttchen

- 78 **Natur bei Nacht**
  - 80 Fackellichter
  - 82 Abenteuerbrot
  - 84 Nachtwanderung
  - 86 Profi-Taschenlampe
  - 88 Bananenboot

- 90 Vorlagen
- 94 Buchtipps für dich
- 95 Die Autoren
- 96 Impressum

Draußen ist das Abenteuer!

Du bist gerne draußen unterwegs – egal, ob im Wald, am Bach oder einfach auf der grünen Wiese? Dann ist dieses Buch genau richtig für dich, denn heute geht's vor die Türe! Lade Freunde ein und geht gemeinsam auf Entdeckungstour! Leckere Lagerfeuerrezepte, Fackellichter für deine erste Nachtwanderung oder Spannendes aus der Tierwelt – draußen ist das Abenteuer. Bist du allein, mit deinen Eltern oder mit einer Kindergruppe unterwegs? Viele Spiele und tolle Ideen zum Selbermachen sorgen garantiert für Abwechslung. Entdeckerausrüstung kann man dafür natürlich gut gebrauchen: Also gestalte Matschhose und Becherlupe - startklar? Dann lass mal sehen, welches Rindenboot am weitesten kommt und wer den größten Matschabdruck machen kann!

Am Wasser

Freche Flipflops

DAS BRAUCHST DU: Zehentrenner in deiner Größe und Lieblingsfarbe · verschiedene Knöpfe, z. B. in Orange, Rosa, Weiß und Hellblau, ø 1–3 cm · Filzrest in Weiß · Gummitiere, 5 cm lang (z. B. Raupe, Schmetterling) · 36 Kunststoffperlen, 0,8 cm · 2 Satinkordeln in Gelb, 20 cm lang · Nähnadel und Nähgarn in vielen Farben · UHU Alleskleber Kraft · Heißkleber

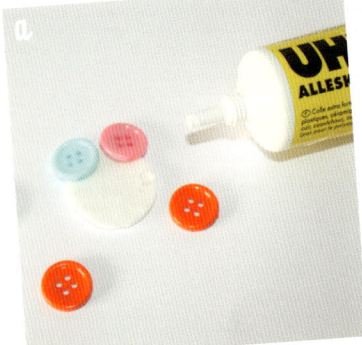

1 Tierische Sandalen: Niedlich oder lieber wild? Statt Schmetterling und Raupe kannst du zum Beispiel auch eine Spinne oder Gummischlange verwenden. Ein Erwachsener klebt diese mit Heißkleber am Steg fest oder näht sie mit buntem Nähgarn an. a

2 Knopfblüte: Schneide einen etwa 3 cm großen Kreis aus Filz zurecht und klebe erst mal die äußeren „Blütenblätter" auf. Wenn der Kleber trocken ist, kannst du einen größeren Knopf als Blütenstempel aufkleben und darauf vielleicht noch mal einen ganz kleinen. Ein Erwachsener hilft dir, die Knöpfe am Schuh festzunähen. b

3 Perlenschnüre: Verknote ein Ende der Satinkordel und fädle die Perlen auf. Ist die Kette lang genug, verknotest du auch das andere Ende. Ein Erwachsener klebt die Perlenbänder auf deinen Flipflop.

BASTELN MIT MAMA & PAPA

Der Wind kräuselt die Wasseroberfläche und fordert eine **Rindenboot-Regatta!** Stecke einen kleinen Stock in ein Rindenstück (wenn es sehr hart ist, benötigst du einen Drillbohrer), befestige ein Ahornblatt als Segel und schon kann's losgehen!

SPIEL MIT MIR! 13

Schnapp das Känguru!

Dieses Spiel kommt aus Australien, wo Kängurus und Krokodile leben. Die Kängurus möchten den Fluss überqueren, in dem das hungrige Krokodil lebt. Aus Sicherheitsgründen rennt aber nicht das ganze Rudel auf einmal los – nur ausgewählte Tiere versuchen eine Überquerung.

Spielteilnehmer: mindestens 5 Kinder

Zeit pro Runde: 5 Minuten

Spielvorbereitung

Bevor es losgeht, malt ihr zwei parallele Linien auf den Boden im Abstand von etwa sieben bis zehn Metern (oder legt große Springseile aus). Dies ist euer Fluss. Nun bestimmt ihr ein Kind als Krokodil, das hungrig im Fluss wartet. Die anderen Kinder gehen an das eine Flussufer (hinter eine Linie) und sind die Kängurus, die auf die andere Flussseite möchten.

Spielablauf

Bevor ihr den Fluss durchquert, fragt ihr das Krokodil nach seiner Lieblingsfarbe:

> Großer Beißer, Kroko!
> Rot, Grün oder Schoko –
> Gefällt dir denn mein Fell?
> Krokodil, Krokodil – ich hüpf
> ganz schnell!

Das Krokodil ruft eine Farbe und die Kängurus, die diese Fellfarbe (Kleidung) haben, hüpfen los. Versucht das andere Ufer zu erreichen! Aber Achtung, das Krokodil ist hungrig und versucht die Kängurus im Fluss zu schnappen (fangen)! Wer gefangen wurde, wird auch zum Krokodil.
In der nächsten Runde überlegen alle Krokodile gemeinsam eine Farbe, während die Kängurus wieder rufen (Reim), um die Uferseite zu wechseln. Mal schauen, wer das letzte Känguru ist, das heil das andere Ufer erreicht, und das Spiel gewinnt.

Was im Weiher wächst

Im und um das Wasser herum kannst du viele Pflanzen entdecken: Vermutlich kennst du die Seerose. Ihre großen Blätter und Blüten schwimmen auf dem Wasser, ihre Wurzeln können bis zu 3 m lang sein. Manche Blätter sehen aus wie ein Herz. Wusstest du, dass sie ihre Blüte erst um 7:00 Uhr öffnet und um 16:00 Uhr wieder schließt? Also musst du auf die Uhrzeit schauen, wenn du die Seerosen blühen sehen willst.

> Auf den großen Seerosenblättern ruhen sich gerne Wasserfrösche aus!

> Mit Eimer und Kescher kannst du Spannendes aus dem See fischen und an Land genau betrachten.

Es gibt einige Pflanzen, die dir zeigen, dass in der Nähe ein Bach oder ein See ist, weil sie vor allem in sehr feuchter Erde wachsen. Eine davon ist die gelbe Sumpfdotterblume, die man im Frühling in der Nähe von Gewässern entdecken kann. Ihre fünf Blütenblätter leuchten gelb und sie hat herzförmige Blätter. Ihre Samen schwimmen im Wasser und gelangen so zu anderen Plätzen.

GUT ZU WISSEN 15

Auf dem Wasser schwimmt auch die Wasserlinse. Sie hat ganz kleine Blättchen. Oft schwimmen viele Wasserlinsen beieinander und es sieht aus, als würde ein grüner Teppich auf dem Teich liegen. Weil die Wasserlinse die Lieblingsspeise von Enten ist, wird sie auch „Entengrütze" genannt. Manchmal bleibt etwas Entengrütze in den Federn der Enten hängen. Wenn die Enten dann zu einem anderen Teich fliegen, nehmen sie die Wasserlinse mit und sie breitet sich auch dort aus.

Wasserlinse – das Lieblingsessen von Ente und Erpel

Meine Matschhose

DAS BRAUCHST DU: Matschhose in Gelb, in deiner Größe · Ledermalfarbe (alternativ Acrylfarbe) in Hellgrün, Grün, Rot, Weiß, Blau und Schwarz · Pinsel · Schaschlikstäbchen · Kohlepapier und Bleistift
FÜR DEN ANHÄNGER: Karabiner mit 3 cm breiter Öse · Paracord in Blau, 25 cm lang, ø 0,3 cm · Satinschnur in Hellblau, 15 cm lang, ø 0,2 cm · 19 Kunststoffperlen in Regenbogenfarben oder Blautönen, ø 0,8 cm · Kunststoffperle in Hellgrün, ø 2 cm

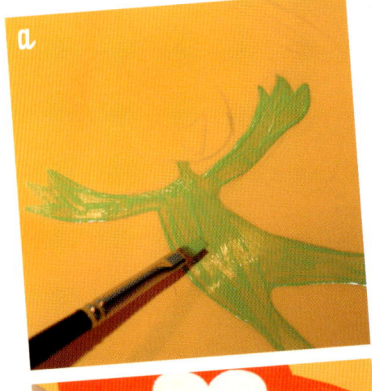

1 Entdeckerausrüstung für Feuchtgebiete: Übertrage die Vorlage von Seite 90–91 für die Frösche mit Hilfe des Kohlepapiers auf deine Matschhose.

2 Male die Frösche sorgfältig aus. Lass jede Farbe kurz trocknen, bevor du mit der nächsten beginnst. Sollten deine Farben beim ersten Auftragen noch nicht richtig gedeckt haben, bringst du eine zweite Farbschicht auf. Trocknen lassen. a

3 Ergänze mit dem Schaschlikstäbchen dunkelgrüne Punkte auf den Froschkörpern und an den Zehen. b

4 Verziere dein Gemälde mit weißen Lichtpunkten und male dunklere Linien noch mal nach.

5 Wenn du magst, kannst du auch die Hosenträger mit Regentropfen verzieren. Los geht das Pfützenspringen!

Anhänger
Male auf die grüne Perle mit den Acrylfarben oder einem Permanentmarker Augen und einen lachenden Mund. Verknote ein Ende jeder Schnur und fädle die Perlen auf. Binde die Schnüre an den Karabiner und befestige ihn am Hosenträger.

BASTELN MIT MAMA & PAPA

Ich wohne im Wasser

Hast du gewusst, dass Frösche unter Wasser durch ihre Haut atmen? Diese ist mit dunklen Punkten und Flecken übersät und durch Schleim wird die Haut feucht gehalten. Mit ihrer grün-braunen Haut tarnen sie sich, damit sie nicht von hungrigen Vögeln entdeckt werden. Wasserfrösche sonnen sich gerne mit ihren Artgenossen und fangen währenddessen mit ihrer langen, klebrigen Zunge Insekten, die vorbeifliegen.

Das ist eine Gelbbauchunke.

Hier tarnt sich ein Laubfrosch.

Siehst du den Wasserfrosch?

Vögel sind die Fressfeinde Nummer eins von Meister Quak.

Kennst du das, wenn es draußen kälter wird, dass du dich dann weniger bewegen willst? Frösche sind da ähnlich, sie passen ihre Körpertemperatur der äußeren an und hüpfen im Herbst weniger.

GUT ZU WISSEN 19

Am Wasser kannst du oft Libellen entdecken. Das sind begnadete Jäger. Dabei helfen ihnen auch ihre besonders großen Augen – denn sie sehen wirklich alles, was um sie herum passiert. Sie können blitzschnell wenden und verrückte Flugmanöver machen. Ihre Larven leben im Wasser.

Kleine Zangenlibelle

Die Hufeisen-Azurjungfern legen ihre Eier ab.

Mmh, Pizza!

ZUTATEN FÜR 5 PORTIONEN: 500 g Weizenmehl (Typ 550) · 150 ml Milch · 150 ml Wasser · 4 EL Olivenöl · 1,5 TL Salz · 1 TL Zucker · 1 Würfel Hefe (alternativ 1 Päckchen Trockenhefe) · 5 EL Tomatensauce · Dose Tunfisch · 300 g Reibekäse · Paprika (in Würfel geschnitten) · 5 Champignons (in Würfel geschnitten) · Zwiebel (in Scheiben geschnitten) · 100 g Speckwürfel · frischer Basilikum

1 Lagerfeuer am See! Bereite den Pizzateig direkt am Lagerfeuer vor. Bedenke aber, dass er gehen muss – also musst du die Wartezeit beispielsweise mit einem Spiel überbrücken: Du gibst das Mehl, den Zucker, das Salz und das Olivenöl in eine Schüssel. Nun drückst du mit deiner Faust eine Mulde in das Mehl und gibst hier die Hefe hinein (Hefewürfel zerbröckeln). Danach schüttest du die lauwarme Milch und das lauwarme Wasser dazu (15 Minuten in die Nähe des Lagerfeuers stellen, damit sie sich erwärmen).

2 Nun wird alles kräftig durchgeknetet bis der Teig glatt und nicht mehr klebrig ist; gib notfalls einfach noch ein wenig Mehl dazu. Nun deckst du die (feuerfeste!) Schüssel mit einem Tuch ab und lässt den Pizzateig nahe am Feuer für etwa 30 Minuten ruhen.

3 Ist der Teig gewachsen? Wenn die Zeit um ist, knetest du alles noch einmal kurz durch und teilst den Teig in fünf Portionen-Kugeln auf.

4 Nun nimmst du eine Kugel und legst sie auf ein Brett, das du mit Mehl bestäubt hast. Nimm ein Wellholz (oder deine Handballen) und rolle nun die Kugel gleichmäßig zu einem dünnen kuchentellergroßen Fladen aus.

5 Jeder macht seine eigene Pizzatasche! Gib einen Esslöffel Tomatensauce auf den Teig. Achte darauf, dass du die Sauce nicht ganz bis zum Rand verstreichst. Dann belegst du die Pizza. a

WILDNISREZEPT 21

6 Hast du alles, was dir schmeckt, auf die „Calzone" getan, dann kannst du diese zu einer Art Tasche zusammenfalten. Damit der Rand wirklich dicht ist, klappst du ihn nochmals ca. 2 cm breit um und drückst den Teig fest zusammen. b+c

7 Nun nimmst du die Wildnis-Pizza ganz vorsichtig vom Brett ab und legst sie auf den Rost am Lagefeuer. Dreh sie ab und zu um, damit sie von allen Seiten schön gebacken wird. Nach etwa 20 Minuten ist sie fertig und du kannst sie mithilfe einer Grillzange vom Grillrost nehmen. d

Tipp

Du kannst den Pizzateig auch zu Hause vorbereiten und in einem Frischhaltebeutel ans Lagerfeuer mitbringen.

Wenn der Wind weht

schiebt er das Wasser vor sich her. Er kitzelt den See zu kleinen Wellen, das Wasser kräuselt sich vor Lachen. Wenn aus dem Wind ein Sturm wird, peitscht er die Wasseroberfläche zu großen Wogen. Aber an einem Tag wie heute ist der Wind faul und träge und der See glitzert im Sonnenlicht. Über ihm schwebt ein Mobile an der Weide.

NATURKUNST 23

Aus kurzen Ästen lässt sich schnell ein kleiner Webrahmen zusammenbinden. Fixiere die Ecken gut mit etwas Bast oder langen Gräsern. Dann kannst du ihn bespannen und alles hineinweben, was du am Ufer findest. Hoch und runter, hoch und runter – gewoben wird ganz rhythmisch. Ist dein Bild fertig, legst du es auf die Wasseroberfläche, stupst es sanft an und siehst zu, wie dein Bild den Bach hinuntertreibt. Das ist *besser als jede Flaschenpost!*

Auf der Wiese

Nach einem langen Tag
auf der Blumenwiese kannst du mit
deinen Fundstücken und Sammelschätzen ein
schönes großes Bild legen: Wo wohnst du? Sind
da auch Mama und Papa? Vielleicht hat jemand ein
Handy oder eine Kamera dabei und macht ein Foto
von deinem Kunstwerk. Dann kannst du diesen
Sommergruß an Oma schicken.

NATURKUNST 27

Regenwurmhotel

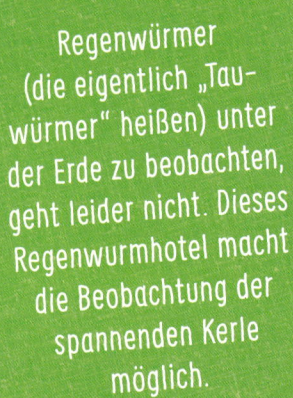

Regenwürmer (die eigentlich „Tauwürmer" heißen) unter der Erde zu beobachten, geht leider nicht. Dieses Regenwurmhotel macht die Beobachtung der spannenden Kerle möglich.

DAS BRAUCHST DU: Glasvase · feuchte Erde · Haferflocken · Schaufel · Eimer · Regenwürmer

1 Um das Hotel für die Regenwürmer vorzubereiten, füllst du als Erstes eine Schicht Erde in die Glasvase. Darauf legst du eine dünne Schicht Haferflocken aus. Das ist eine Lieblingsspeise der Regenwürmer (in der Natur fressen sie kleine Pflanzenkeime). Du richtest also ihr Esszimmer ein. Nun kommt wieder eine dickere Schicht Erde und anschließend wieder Haferflocken. Diese Schichten wechselst du solange ab bis noch etwa 5 cm bis zum Vasenrand übrig sind.

2 Jetzt geht es auf Regenwurmjagd! Die findest du am leichtesten, wenn es gerade geregnet hat. Vielleicht musst du etwas mit der Schaufel graben, um sie dann in deinen Eimer zu geben. Die gefundenen Regenwürmer legst du oben auf die oberste Schicht deines Regenwurmhotels, sie graben sich langsam in die Erde ein. Halte die Erde in der Vase feucht (nicht nass!) und lege ab und zu etwas Salat auf die oberste Schicht.

3 Die fleißigen Tunnelbauer werden bald viele Gänge durch das ganze Hotel gezogen haben. Wenn du Glück hast, kannst du sie auch beim Bauen beobachten. Wusstest du, dass sie ihre Tunnel mit ihrem Kot daran hindern, einzustürzen?

4 Nach einigen Tagen freuen sich die Regenwürmer, wenn sie wieder aus deinem Hotel ausziehen können. Sprich am besten mit deinen Eltern, wo du die Regenwürmer in die Erde legen kannst.

MEIN PROJEKT 29

Ein sommerliches **Naschmandala!** Beim entspannten Musterlegen kannst du den Sommer verkosten: Kapuzinerkresse schmeckt herrlich herb, Erdbeeren sind wunderbar süß und Gänseblümchen sind schmelzend zart.

Wiesenvolk

In einer Wiese ist es herrlich: Leg dich mal auf den Rücken in die Sonne, mitten in eine Wiese hinein und lausche. Da zirpt es und dann schnarrt es wieder. Ein Summen und Brummen liegt in der Luft. Das Brummen kommt von den Bienen und Hummeln, Fliegen und Schwebfliegen, die von Blüte zu Blüte unterwegs sind, um Futter zu suchen. Aber woher kommt nur das Zirpen? Von den Grillen und Heuschrecken! Sie machen Musik, indem sie ihre Beine an ihren Panzern reiben und ihre Fühler oder Flügel aneinander kratzen lassen... Dabei entsteht herrliche Sommermusik!

Wusstest du, dass Grillen kleine Erdhöhlen bewohnen?

Löwenzahnsalat

ZUTATEN FÜR 2 PERSONEN: 2 Handvoll junge Löwenzahnblätter • 2 Handvoll Feld- oder Rucolasalat • 20 Gänseblümchenblüten • 8 Radieschen (alternativ 2 große Tomaten) • 3 EL Croûtons nach Belieben • 2 EL Balsamico-Essig • 3 EL Olivenöl • 1 TL Dijonsenf • 1 TL Honig • Salz • Pfeffer

1 Mmh, lecker, Baby-Löwenzahn! Sammle und wasche junge, kleine Löwenzahnblätter (große Blätter sind oft bitter) und stelle sie in ein großes Glas Wasser, wie einen Blumenstrauß.

2 Nun wäschst du auch den Feld- oder Rucolasalat, lässt ihn abtropfen und gibst ihn in eine Salatschüssel. Danach nimmst du die acht Radieschen und schneidest sie in Scheiben. Wenn du keine Radieschen magst, nimmst du zwei große Tomaten und schneidest diese in kleine Würfel.

3 Aus dem Essig, Olivenöl, Honig, Senf, dem Salz und dem Pfeffer rührst du nun in einer kleinen Schale dein Dressing an.

4 Schneide den Löwenzahn klein und gib ihn hinzu.

5 Danach gibst du das Dressing dazu und vermischst alles miteinander. Nun kommen noch die Croûtons auf den Salat.

6 Pflücke schnell noch 20 Gänseblümchenblüten und lege sie oben auf deinen Salat, den du nun servieren kannst.

Tipp

Natürlich kannst du dir die Croûtons auch selbst aus Weißbrotwürfeln herstellen. Du brauchst dazu eine Eisenpfanne, Toastbrot und etwas Butter. Nimm die Pfanne und erhitze darin die Butter auf dem Lagerfeuer. Dann schneidest du Toastbrot in kleine Würfel und röstest diese in der Pfanne von allen Seiten knusprig.

WILDNISREZEPT 33

Gut zu wissen

Wusstest du eigentlich schon, dass wenn es Abend wird und es anfängt zu dämmern, sich die Blüten des Gänseblümchens schließen? Damit schützt sich das Blümchen vor der Nässe und der Kälte der Nacht. Sie schließt sich auch schon bei bedecktem Himmel oder bei Regen. Achte mal darauf!

Schau genau!

DAS BRAUCHST DU: Becherlupe, ø 8–10 cm, 12 cm hoch · Klarlack matt · Glitterpulver in Grün, Hellblau oder Pink · Gummitier, 3–5 cm lang · Pinsel · Heißkleber

1 Nimm den Deckel von der Becherlupe.

2 Tauche den Pinsel vorsichtig in den Klarlack und male ein Muster auf den Becher. Verwende nur wenig Lack, damit nichts verläuft. a

3 Streue sofort Glitter darauf, am besten über einem großen Blatt Papier. So kannst du die Reste danach wieder ins Fläschchen zurückgeben. Trocknen lassen. b

4 Jetzt kannst du noch mal über das Muster lackieren, damit der Glitter an Ort und Stelle bleibt. c

5 Stecke den Deckel wieder auf.

6 Ein Erwachsener klebt das Gummitier oben am äußeren Rand der Becherlupe mit Heißkleber fest. Jetzt aber ab auf die Wiese! Tier fangen, in die Lupe, ansehen, freilassen! Findest du ein Tier mit sechs Beinen? Oder eines, das sogar acht hat?

BASTELN MIT MAMA & PAPA

Spielteilnehmer:
mindestens 5 Kinder

Zeit pro Runde:
10 Minuten

SPIEL MIT MIR! 37

Es war einmal...

So geht ein Mitmachmärchen: Alle Mitspieler legen sich auf die Wiese, genießen den Sonnenschein und hören genau zu. Wann immer es den Zuhörern Spaß macht, machen sie die Bewegungen aus der Geschichte nach – schnuppern an Blumen oder ziehen sich Mäntel an, von denen in der Geschichte die Rede ist. Einer ist der Märchenerzähler:

Es war einmal ein altes, wunderschönes Schloss. Es wuchsen duftende Rosen an den Mauern und oben im Turm war das Zimmer der Prinzessin Tamara. Sie hatte langes Haar und war wunderschön. Sie wachte auf, weil der Hahn so früh krähte. Sie streckte sich und gähnte, bevor sie aus dem Bett hüpfte und sich anzog.

Spielaktion: Jetzt dürft ihr euch strecken, gähnen, aufspringen und euch anziehen.

Sie rannte schnell zum Nebenzimmer und weckte ihren Bruder Benni. Er zog sich schnell an und sprang mit Tamara die Treppe hinunter. Sie machten die große Hoftür auf und huschten zur großen Wiese. Da stand ein Baum, der reife Kirschen trug. Die beiden kletterten hoch hinauf und naschten ein paar Kirschen. Dann sprangen sie vom Baum und tanzten über die Wiese, pflückten Blumen und schauten den Schmetterlingen beim Fliegen zu. Die Kühe, die auf der Wiese standen, streichelten sie. Plötzlich standen sie an einem Zaun – ob sie da hinüberklettern sollten?

Spielaktion: Streichelt Kühe, tanzt und klettert!

Tamara und Benni schauten sich an und zwinkerten sich zu, selbstverständlich kletterten sie auf die andere Seite des Zauns. Dort wuchsen leckere Lutscherblumen, eine Lakritzschnecke kroch über die Schokowiese und auf den Bonbonbäumen saßen Zuckeräffchen, die den beiden Gummibärchen gaben. Mmh, lecker!

Mit vollen Bäuchen legten sich die beiden zu einem Verdauungsschläfchen ins Gras. Als eine Fliege sie an der Nase kitzelte, lachten sie und standen auf, um Hand in Hand zum Schloss zurückzuhüpfen.

Cooler Schattenspender

DAS BRAUCHST DU: Baumwollstoff in Rosa oder Hellblau, 110 cm breit, 50 cm lang · Baumwollstoff kariert in Pink oder Hellgrün, 110 cm breit, 50 cm lang · Mittelstarkes Bügelvlies (H620) · Stoffmalfarben in Rot, Hellgrün, Schwarz und Weiß oder Hell- und Dunkelgrün, Gelb, Orange, Schwarz und Weiß · Kartoffel, ø 5 cm · Schaschlikstäbchen · verschiedene Blätter · Nagel, Kopf ø 0,4 cm · Pinsel · Nähmaschine · Nähgarn in Rosa oder Hellblau · Bügeleisen

Wassermelonen-Stoff

1 Schneide die Kartoffel quer durch und halbiere eine Hälfte noch mal. Lege die Schnittfläche zum Trocknen 30 Minuten auf ein Stück Küchenpapier.

2 Bemale die Kartoffel mit roter Stoffmalfarbe und drücke sie auf den ausgebreiteten rosafarbenen Stoff. Wiederhole diesen Schritt, bis du ganz viele Wassermelonen gestempelt hast. Trocknen lassen. a

3 Male mit dem Pinsel um jede Melone eine grüne Schale. Trocknen lassen. b

4 Stemple kleine schwarze Kerne mit einem Schaschlikstäbchen auf. c

5 Mit der weißen Farbe tupfst du kleine Pünktchen zwischen die Melonen. Verwende dazu am besten das flache Ende des Schaschlikstäbchens.

6 Ein Erwachsener fixiert die Stoffmalfarbe nach Herstellerangaben mit dem Bügeleisen.

Gecko-Stoff

1 Sammle kleine Blätter und presse sie für etwa eine Stunde zwischen schweren Büchern.

2 Male die Blätter mit den grünen Stoffmalfarben an und drücke sie auf den hellblauen Stoff. Trocknen lassen.

BASTELN MIT MAMA & PAPA

Tipp
Du möchtest so schnell wie möglich raus? Natürlich kannst du auch einen gekauften, einfarbigen Sonnenhut bestempeln!

3 Ergänze mit einem dünnen Pinsel die Stiele. d

4 Die gelben und orangefarbenen Geckos kannst du ganz einfach mit deinen Fingern aufdrucken: Die Köpfe druckst du mit dem Zeigefinger, die Bäuche mit dem Daumen. e

5 Male mit dem Pinsel Beine und Schwänze dazu.

6 Mit dem Nagelkopf kannst du die weißen Augen aufstempeln und nach dem Trocknen schwarze Pupillen ergänzen. f

7 Ein Erwachsener fixiert die Stoffmalfarbe nach Herstellerangaben mit dem Bügeleisen.

Hier geht's weiter »

Sonnenhut nähen

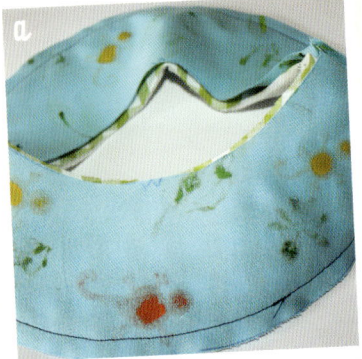

1 Zeichne alle Hutvorlagen von Seite 90–93 samt x-Markierungen auf die Stoffrückseite und schneide sie ohne Nahtzugabe aus.

2 Ein Erwachsener bügelt das Vlies auf den Futterstoff der Hutkrempe …

3 … und näht die schmalen Seiten der Hutkrempe rechts auf rechts füßchenbreit aufeinander; ebenso beim Futterstoff. Beide Kreise rechts auf rechts aufeinanderlegen und an der Außenkante abnähen. a

4 Wende die Krempe auf die rechte Seite. Ein Erwachsener steppt Innen- und Außenrand ab. b

5 Ein Erwachsener näht die Seitenteile an den schmalen Seiten rechts auf rechts zusammen. Beim Futterteil auf einer Seite eine 5 cm breite Wendeöffnung aussparen. c

6 Stecke die Hutoberseite rechts auf rechts an die Seitenteile. Orientiere dich dabei an den Markierungen. Ein Erwachsener kann sie nun füßchenbreit absteppen; ebenso beim Futterstoff. d

7 Stecke den Hut aus dem Außenstoff rechts auf rechts an die Krempe. Ein Erwachsener näht ihn knappkantig an. e

8 Stecke den kompletten Hut in den Hut aus Futterstoff. Ein Erwachsener näht alles füßchenbreit zusammen.

9 Wende den Hut durch die Wendeöffnung.

10 Ein Erwachsener näht diese von Hand zu und bügelt den Sonnenhut in Form.

NATURKUNST 41

Die Sonne kitzelt auf der Nase, die Wiese geht dir bis zur Hüfte... Da gibt es nur eins: Winde dir aus langen Gräsern einen Kranz. Stecke Sommerblüten hinein – und fertig ist die herrliche Feenkrone! Schon ist der Bollerwagen eine prächtige Kutsche:

Macht Platz für die Wiesenprinzessin!

Auf dem Fels

NATURKUNST

Wer lag denn hier?
Detektiv Max und sein Team von
der Spurensuche ermitteln: Der **Tatort**
wird gesichert und mit Steinchen wird alles
markiert, was Hinweise geben kann. War es Mia?
Lea? Luis? Außer Kreide und vielen, vielen Kiesel-
steinen braucht man nichts, und schon ist
der Wandertag gerettet.

Monsterrucksack

DAS BRAUCHST DU: Kinderrucksack in Pink oder Hellgrün · Fimo® kids in Weiß, Rot oder Rosa, Hellblau oder Hellgrün, Schwarz und Gelb · Glas, 8 cm · Glas, ø 5 cm · altes Nudelholz oder Acrylrolle · Zahnstocher · Knetunterlage · Backpapier, Backblech, Ofen · Nähnadel und Nähgarn in Weiß, 1 m lang · 3 Broschennadeln mit Sicherheitsverschluss, 3 cm lang · UHU Alleskleber Kraft

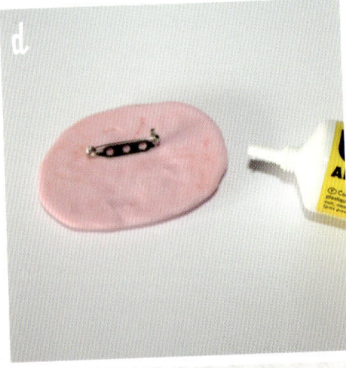

1 Klettergemsen, Wandervögel und Kieselsammler brauchen einen coolen Rucksack! Arbeite auf einer Unterlage: Rolle das ganze weiße Fimo®-Päckchen 3 mm dick aus. Stich mit den Gläsern je einen Kreis aus und glätte die Ränder mit deinen Fingern. a

2 Für die Iris der Augen benötigst du zwei Rippen in Hellgrün oder Hellblau. Rolle sie zuerst zu zwei Kugeln und drücke sie dann platt. Drücke sie sanft auf die weißen Augäpfel. b

3 Die schwarzen Pupillen fertigst du aus je einer halben Rippe Fimo®. Kugel rollen, platt drücken und ab damit auf die Monsteraugen. Abschließend noch zwei winzige weiße Kügelchen als Lichtpunkte aufdrücken.

4 Nun kommt die Knollennase dran: Knete vier Rippen rotes oder rosafarbenes Fimo® zu einem Ei. Drücke dieses platt – du erhältst ein Oval. Bringe auch hier einen weißen Lichtpunkt an.

5 Soll dein Monster Zähne bekommen? Du brauchst pro Zahn eine Rippe Fimo® in Weiß. Modelliere alle Zähne mit deinen Fingern, drücke sie platt und stich mit einem Zahnstocher je zwei Löcher hinein. Du kannst auch ganz viele Zähne basteln!

6 Rolle je zwei Rippen Fimo® in verschiedenen Farben zu langen Würsten aus. Lege sie aufeinander und verdrehe sie in sich, sodass eine neue, bunte Rolle entsteht. Schneide diese in zwei Hälften und forme diese zu Hörnern. Stich mit dem Zahnstocher vier Löcher ins breitere Ende. c

BASTELN MIT MAMA & PAPA 47

7 Ein Erwachsener härtet alle Fimo®-Teile im Ofen nach Herstellerangaben. Abkühlen lassen.

8 Klebe eine Broschennadel auf die Rückseite von Augen und Nase.

9 Nähe gemeinsam mit einem Erwachsenen die Zähne an der Vordertasche des Rucksacks fest und die Hörner oben außen.

10 Stecke die Augen und die Nase an den Rucksack. Monströs!

Wildnis-Kartoffel

ZUTATEN FÜR 2 PERSONEN: 2 große Kartoffeln • 2 TL geriebener Käse (Emmentaler oder Appenzeller) • 2 TL Speckwürfel • 1 kleines Ei (Größe S) • Butter • Salz • Pfeffer

1. Nimm dir eine große, vorgekochte, aber nicht ganz gare Kartoffel und schneide der Länge nach einen Deckel ab.

2. Danach nimmst du einen Teelöffel und höhlst damit die Kartoffel vorsichtig aus. Achte darauf, dass noch genug Kartoffelrand stehen bleibt. a

3. Nun nimmst du etwas geschmolzene Butter und reibst die Kartoffel im Inneren damit aus.

4. Danach kommen der Käse und die Speckwürfel hinein. b

5. Fülle dann die Höhle mit verquirltem Ei auf. c

6. Oben drauf streust du ein wenig Salz und Pfeffer.

7. Setze die gefüllte Kartoffel entweder direkt auf den Grillrost oder auf etwas Alufolie neben die Glut am Lagerfeuer.

8. Nach ca. 30 Minuten ist die Kartoffel fertig gebacken und das Ei hart. Prüfe es, indem du mit einem Löffel ganz leicht auf das Ei drückst. Nun kannst du deine Kartoffel mit Schnittlauch oder Petersilie verzieren. d

9. Störe dich nicht an der schwarzen Außenschale. Sie macht die Kartoffel hart und du kannst sie wunderbar auslöffeln.

WILDNISREZEPT   49

Vegetarische Füllung
Klein geschnittene Paprika und ein paar Zwiebel- oder Zucchiniwürfel mit Ei und Parmesan oder Gouda mischen. Mmh, lecker!

Wird es draußen klirrend kalt, gefriert Wasser zu Eis. Nimm deine Sandkastenformen, fülle sie mit vielen kleinen Kieseln, jeweils einer Bindfadenschlinge und Wasser. Lass die Formen über Nacht draußen – dann kannst du am nächsten Morgen dicke, schwere und **klitzekleine Kieselklunker** aus den Förmchen lösen und als glitzernden Baumschmuck in die Winterbäume hängen.

Schwimmende Steine

Es gibt Steine, die einen verblüffen: Bims beispielsweise. Diese Art Stein entsteht bei Vulkanausbrüchen, ist also eigentlich kalte Lava. Der erstarrte Steinschaum hat so viele Lufteinschlüsse, dass er schwimmt. Steine sind also nicht immer schwer!

Teste deine Steine, indem du sie in eine Schüssel mit Wasser legst. Schwimmt einer von ihnen? Dann hast du Bims gefunden!

Der Stein der Weisen

Schon die Urzeitmenschen haben Steine für alles Mögliche benutzt: Feuersteine haben sie verwendet, um ihre Lagerfeuer zu entzünden. Auch Sicheln, Beile und Dolche wurden aus Feuerstein geschlagen. Feuerstein heißt auch Silex, Flint oder Hornstein – du findest besonders viele Feuersteine auf Rügen.

Mit manchen Steinen kann man malen, andere sind so schön, dass sie seit jeher als Schmuck getragen wurden. Steine haben die Menschen schon immer fasziniert – und deshalb ranken sich allerhand Sagen und Märchen um sie. Kennst du die Legende vom Stein der Weisen? Wer ihn findet oder herstellen kann, lebt angeblich ewig!

Aber vor allem sind Steine eins: Hart. Daher bauen wir Menschen aus ihnen Häuser, die Sturm und Regen standhalten, stabile Brücken in reißenden Flüssen oder tiefe Brunnen, die bis zum Grundwasser reichen.

Sammlerstücke: Am Strand findest du ganz andere Steine als am Kletterfelsen!

Steine können viele Farben und Oberflächenstrukturen haben.

Felsbewohner

Nicht viele Tiere leben gerne auf Felsen. Die Ausnahme sind Schlangen und Eidechsen. Sie sonnen sich gerne im Sommer auf heißen Steinen. Zauneidechsen werden in Deutschland bis zu 24 cm lang. Sie fressen vor allem Heuschrecken, Wanzen und Regenwürmer. Greift ein Vogel die Eidechse an, kann sie einen Teil ihres Schwanzes abwerfen, um den Angreifer abzulenken.

Zauneidechse und Gelege der Zauneidechse

Ganz schön klein, so eine Schlingnatter!

Eine Schlingnatter wiegt etwa 50–80 Gramm. Sie frisst gerne Insekten und Spitzmäuse. Die Schlingnatter umwickelt ihre Beute, sodass diese erstickt. Dann erst frisst sie sie auf. Beim Sonnen muss die Schlingnatter gut aufpassen, dass sie nicht selbst zur Beute wird: Marder, Igel und Greifvögel haben sie zum Fressen gern.

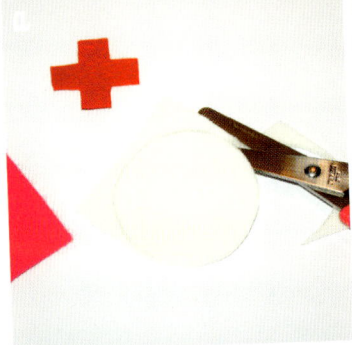

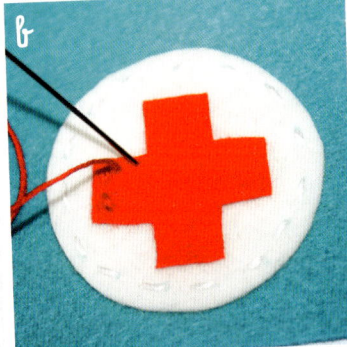

Auweia!

DAS BRAUCHST DU: Filz in Pink oder Türkis, A4 · Filzrest in Weiß und Rot · Stickgarn in Weiß, Rot, Pink oder Türkis · Nähnadel · 2 nähfreie Druckknöpfe in Rosa oder Türkis · Kinderschere

• •

1 Pflastertäschchen für unterwegs: Übertrage die Vorlagenzeichnung von Seite 92–93 für alle Filzteile und schneide sie sorgfältig aus. a

2 Falte das Mäppchen mithilfe der Vorlage.

3 Klappe es wieder auf und nähe zunächst den weißen Kreis auf die Klappe: Verknote dazu das Ende des weißen Garns und fädle das andere Ende durchs Nadelöhr. Stich von unten durch beide Filzlagen und etwa 3 mm weiter wieder von oben nach unten. Wenn du einmal rund herum genäht hast, kannst du den Faden auf der Rückseite vernähen und verknoten.

4 Nähe nun das rote Kreuz in den weißen Kreis. b

5 Klappe das Täschchen wieder zusammen und nähe die beiden Seiten zusammen. c

6 Ein Erwachsener befestigt die beiden Druckknöpfe. Schon ist das Erste-Hilfe-Etui einsatzbereit. d

BASTELN MIT MAMA & PAPA 55

NATURKUNST 57

Höhlenmalerei

mit Matsche! Verrühre Erde mit Wasser zu einem sämigen Brei – schon kannst du damit auf dem nächstgelegenen Felsen deine Handabdrücke hinterlassen. Je nach Zusammensetzung deiner Schlammfarbe hat sie einen anderen Braunton. Versuche, wie ein Höhlenmensch ein paar Tiere und Menschen zu malen – gar nicht so einfach!

Superspiegelei

ZUTATEN FÜR 1 PERSON: 1 große Scheibe Brot · 1 Ei · Salz und Pfeffer · ggf. Schnittlauch

1 Es muss schnell gehen? Du kommst fast um vor Hunger? Dann mach dir ein Spiegeleibrot! Lege zuerst einen flachen Stein in die Lagerfeuerglut.

2 Nimm dir eine nicht zu dünne Scheibe Brot. Nun höhlst du die Brotscheibe in der Mitte etwas aus. a

3 Lege dein Lochbrot auf den flachen Stein, schlage das Ei auf und gib es in das Brotloch. b

4 Würze das Ei mit ein wenig Salz und Pfeffer. Gourmets geben außerdem etwas Schnittlauch darüber. c

5 Wenn das Ei gebacken ist, kannst du Brot und Ei mit einem Metalltortenheber oder einer Grillschaufel vom Stein nehmen.

Lagerfeuerparty

Wenn du Spiegeleibrote für viele hungrige Freunde planst, dann lege schon vor dem Anfeuern viele trockene flache Steine um das Feuer herum – so haben alle ein heißes Naturbackbleck. Vorsicht: Nasse Steine können in der Lagerfeuerhitze reißen!

WILDNISREZEPT 59

Im Wald

Bunte Blätter fallen leise
zu Boden, Kastanien knattern durchs
Gehölz. Wenn es Herbst wird, ist ein Sonntags-
spaziergang Pflicht. Aber was tun, wenn's mal wieder
länger dauert? Dann braucht man einen Spaziergangs-
zeitverkürzer: Sammle besonders schöne Blätter, Eicheln
und kleine Zweige und lege einen frechen Waldwichtel.
So ein **Laubmännchen** geht ratzfatz!
Bekommt es noch einen Kumpel?

NATURKUNST

Brotzeitbox

DAS BRAUCHST DU: Brotbox in Weiß, 5 cm hoch, 10 cm breit, 20 cm lang · Klebefolienreste (alternativ Plotterfolie) in Rot, Grün, Braun, Gelb und Blau · Kinderschere · Lackmalstift (alternativ Permanentmarker) in Weiß und Schwarz

1 Das geht fix und sieht toll aus! Übertrage alle Teile für dein Motiv von Seite 93 auf die jeweilige Klebefolie und schneide alles sorgfältig aus. a

2 Zieh das Trägerpapier ab und klebe die Teile auf die Brotdose, streiche sie dabei von der Mitte aus zum Rand fest. b

3 Ergänze mit den Lackmalstiften Gesichter und Lichtpunkte. Fertig ist die Vesperbox! c

BASTELN MIT MAMA & PAPA

Winterfutterzapfen

DAS BRAUCHST DU: 10 Kiefernzapfen · 500 g Kokosfett · 700 g Hirse und Sonnenblumenkerne · Stopfnadel · Bindfaden oder Schleifenband, 30 cm lang

1 Suche dir einige große Kiefern- oder Fichtenzapfen. Kiefernzapfen sind rundlich und haben große Schuppen, Fichtenzapfen sind lang und schlank.

2 Lege sie für ein paar Stunden auf die Heizung, sodass sich die Schuppen öffnen.

3 Damit du den Futterzapfen später an einen Baum hängen kannst, ziehst du mit einer Stopfnadel einen 30 cm langen Bindfaden durch den Zapfen und verknotest ihn.

4 Erwärme (auf kleiner Stufe) Kokosfett in einem Topf auf dem Herd.

5 Wenn das Fett flüssig ist, gibst du Samen, Körner und Nüsse dazu, bis eine Art Teig entsteht. Kürbis- und Sonnenblumenkerne, Hirse, Haselnüsse und Walnusskerne eignen sich dafür.

6 Bestreiche die Zapfen rundum mit dem Fettteig. Benutze dafür einen Spatel, einen kleinen Stock oder (sobald der Teig etwas abgekühlt ist) deine Finger.

7 Das Fett ist für die Vögel, die bei uns überwintern, ein wichtiger Energiespender, außerdem verhindert das Fett, dass die Samen sich mit Wasser vollsaugen. Du kannst die Futterzapfen überall im Wald als Nahrungsunterstützung aufhängen. Der nächste Spaziergang wird also ein Riesenspaß!

MEIN PROJEKT 67

Bissiges Krokodil

DAS BRAUCHST DU: Kinderschnitzmesser mit Lederhülle · Ledermalfarbe (alternativ Acrylfarbe) in Hellgrün, Grün, Schwarz und Weiß · Schaschlikstäbchen · Pinsel · Wackelauge, ø 1 cm und 1,5 cm · UHU Alleskleber Kraftkleber

1 Bemale die Messerhülle mit der hellgrünen Farbe und lasse sie gut trocknen. Bringe dann noch eine weitere Schicht auf. Trocknen lassen. a

2 Male das Maul und die weißen Zähne von Seite 92 auf... b

3 ...und tupfe mit der Rückseite des Schaschlikstäbchens grüne Punkte auf das Krokodil. c

4 Klebe nun noch die Wackelaugen auf. Wenn das nicht das bissigste Messer aller Zeiten ist! d

BASTELN MIT MAMA & PAPA 69

Spielteilnehmer:
mindestens 4 Kinder

Zeit pro Runde:
2 Minuten

SPIEL MIT MIR! 71

Bäumchen, wechsle dich!

Bestimmt einen Fänger und begrenzt euer Spielfeld, beispielsweise mit Ästen. Ihr könnt aber auch lange Schals um die Bäume binden, die dazugehören. Es gibt einen Baum weniger als Mitspieler. Jedes Kind stellt sich nun an einen Baum. Der Fänger positioniert sich in der Mitte und ruft: „Bäumchen, Bäumchen, wechsle dich!" Darauf müsst ihr alle losrennen und die Bäume tauschen. Auch der Fänger rennt los und versucht, unterwegs einen Spieler zu fangen. Achtung! An jedem Baum darf nur einer stehen und wer gefangen wird, ist der neue Fänger!

Waldgeburtstag

Heute ist ein besonderer Tag: Dein Geburtstag! Da darfst du im Bollerwagen sitzen und wirst in den Wald gezogen.

MEIN PROJEKT 73

Es gibt Geschenke und alle deine Freunde gestalten mit dir einen Wunschbaum: Jeder malt oder schreibt seine guten Wünsche für dich auf ein Papier, rollt es zusammen und bindet es an einen Zweig. Der Wind trägt die Wünsche mit sich fort.

Eine Geburtstagskrone darf nicht fehlen!

Kuchen für alle!

ZUTATEN FÜR 10 PORTIONEN: 10 große Orangen • 250 g Mehl • 150 g Zucker • 2 EL Kakaopulver • 2 TL Backpulver • ½ TL Natron • 150 g Zartbitterschokolade • 250 ml Milch • 80 ml Sonnenblumenöl • 1 Ei • Alufolie

1. Rühre aus allen Zutaten (außer den Orangen) einen Schokoteig an. Du kannst ihn auch zu Hause vorbereiten, in einer Schüssel mit Deckel oder einem Klarsichtbeutel mitnehmen und dann direkt am Lagerfeuer nur noch verarbeiten.

2. Nimm eine große Orange und schneide mit einem Messer die Spitze ab. a

3. Nun nimmst du einen Löffel und höhlst damit die Orange aus. Du kannst sie auch leer essen. b

4. Fülle die Orange bis zur Hälfte mit Schokokuchenteig. c

5. Setze den Orangendeckel wieder auf und wickle die Orange in Alufolie ein. d

6. Die Alukugel legst du nun dicht neben die Lagerfeuerglut. Drehe die Orange ab und zu ein wenig, damit der Kuchen von allen Seiten Hitze bekommt. e

7. Nach ca. 25 Minuten ist dein Orangenkuchen fertig.

WILDNISREZEPT 75

Waldhüttchen

Bandenlager, Häuptlingswigwam oder Hauptquartier der wilden Räuber – wer kein Waldhüttchen hat, der baut sich schnell eins! Sammelt lange Stöcke, die ersten Äste sollten lang und stabil sein, dann stellt ihr sie trichterförmig um einen Baum – lasst aber eine kleine Öffnung frei. Bedeckt das Astzelt dann mit immer kleineren Zweigen … Schon bald habt ihr einen gemütlichen Unterschlupf.

MEIN PROJEKT 77

Natur bei Nacht

Fackellichter

DAS BRAUCHST DU: Tontopf, ø10 cm • Acrylfarbe in Weiß und Gelb, Orange, Pink oder Türkis • Permanentmarker in Schwarz • Holzscheibe, ø 4 cm • Rundholzstab, ø 12 mm, 75 cm lang • Schraube, ø 0,4 cm, 3 cm lang • Schraubenzieher • Chenilledraht in Orange, Rosa oder Türkis, 30 cm lang • Gewebeklebeband mit Zickzackmuster, 50 cm lang • Teelichtglas, ø 8 – 10 cm und Teelicht • Feuerzeug • UHU Alleskleber

1 Grundiere deinen Tontopf weiß.

2 Bemale den Topf mit breiten Streifen in deiner Lieblingsfarbe. Für den zweiten Streifen gibst du wenig Weiß hinzu, für den dritten Streifen mehr. Trocknen lassen. a

3 Pause die Tierspur von Seite 91 mit Kohlepapier ab und male sie dann sorgfältig mit dem schwarzen Filzstift aus. b

4 Ein Erwachsener schraubt die Holzscheibe auf den Rundholzstab. c

5 Stecke das andere Ende des Stabs durch das Loch im Tontopf und klebe die Holzscheibe mit Kraftkleber innen am Boden des Topfs fest.

6 Wickle den Chenilledraht unter dem Tontopf um den Stab und fixiere ihn mit Kraftkleber.

7 Umwickle den Stab mit buntem Textilband. d

8 Stelle ein Teelichtglas in den Topf. Fertig ist das Fackellicht für das Waldfest!

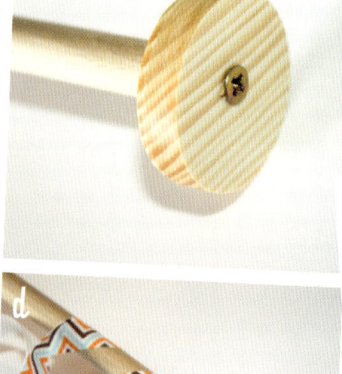

BASTELN MIT MAMA & PAPA 81

Abenteuerbrot

ZUTATEN FÜR 8 PORTIONEN: 1 kg Weizenmehl • 2 Päckchen Trockenhefe • 500 ml Wasser • 1 TL Salz

BLÜMCHENQUARK: 250 g Quark • 100 ml Milch • Zucker, Salz und Pfeffer • eine Handvoll frische Wiesenkräuter wie Löwenzahnblätter, Spitzwegerich, Knoblauchrauke und/oder Wiesenschaumkraut

Stockbrot

1 So geht herrlich duftendes Abenteuerbrot: Gib die Hefe und das lauwarme Wasser in eine Schüssel und verrühre es. Danach gibst du das Mehl und das Salz hinzu. Nun knetest du alles etwa 10 Minuten zu einem glatten Teig. Decke die Schüssel mit einem Tuch ab und stelle sie für eine Stunde ans Lagerfeuer.

2 Wenn die Zeit um ist, knetest du alles noch mal kurz durch und teilst den Teig in acht Portionen auf. Aus jeder Portion kannst du eine daumendicke Schlange rollen. Diese Schlangen wickelst du um einen (Haselnuss-)Stock. Dieser sollte etwa 1–1,5 Meter lang sein, damit du beim Grillen weit von den Flammen entfernt sitzen kannst. a+b

3 Nun kannst du über dem Lagerfeuer dein Stockbrot backen. Achte darauf, dass du es nicht direkt in die Flammen hältst, sondern über die Glut. Nimm dir Zeit, dann wird es köstlich! c

Blümchenquark

1 Sammle, wasche und schneide die Wildkräuter. Du brauchst mindestens eine große Handvoll. d

2 Verrühre Quark und Milch und würze die Creme mit Zucker, einer Prise Salz und etwas Pfeffer.

3 Danach gibst du die sehr fein geschnittenen Wildkräuter dazu und lässt alles etwa eine halbe Stunde abgedeckt stehen.

WILDNISREZEPT 83

Achtung!

Pflücke nur bekannte Kräuter! Wasche sie gründlich, damit du vor dem Fuchsbandwurm sicher bist. Du kannst aber auch gekaufte Kräuter verwenden.

Nachtwanderung

Psst! Bei Nacht oder in der Dämmerung sieht die Natur geheimnisvoll aus. Einige Tiere wachen jetzt erst auf. Im Dunkeln kann man aber leider nicht so gut sehen. Deshalb musst du leise sein und deine Ohren spitzen, um Tiere zu entdecken.

... und bei der Rast gibt es für alle heißen Tee!

Das ist ein Steinkauzküken – süß! Erwachsene Steinkäuze sind etwa 20 cm groß. Kannst du rufen wie ein Käuzchen?

MEIN PROJEKT 85

Hast du schon mal eine Eule gesehen? Einen Dachs, eine Fledermaus oder einen Igel? Die sind nachts unterwegs. Rehe stehen auf der Waldlichtung und äsen, kleine Mäuse huschen durchs Unterholz.

Mach gemeinsam mit einem Erwachsenen und vielen Freunden eine Nachtwanderung. Dazu benötigst du eine Taschenlampe oder eine Martinslaterne und feste Schuhe. Am Waldrand solltet ihr eine Pause machen und die Lichter löschen. Hörst du schon was?

Profi-Taschenlampe

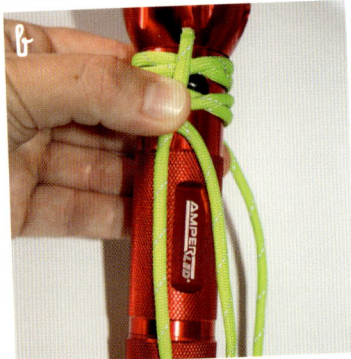
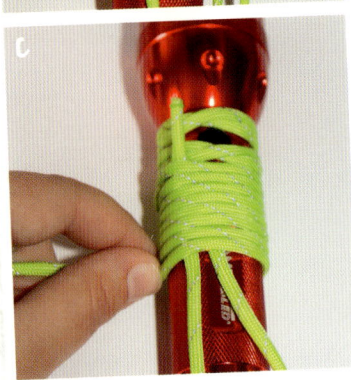

DAS BRAUCHST DU: Taschenlampe in Rot, 15 cm lang · Paracord in Grün, ø 3 mm, 3 m lang · Blattanhänger in Silber, 3 cm breit, 4 cm lang · Karabiner in Grün, ø 5 cm · UHU Alleskleber Kraft · Feuerzeug

1 Ein Erwachsener misst das Paracord ab und verödet die Enden mit einer Feuerzeugflamme. Lege deine Paracordschnur auf den Tisch, platziere die Taschenlampe so darauf, dass sich links ein und rechts zwei Drittel der Schnur befinden.

2 Überkreuze die Schnurenden auf der Vorderseite der Lampe, dann auf der Rückseite. Wiederhole diesen Schritt. Achte darauf, dass der Einschaltknopf der Taschenlampe frei bleibt! a

3 Lege das kürzere Ende zu einer Schlaufe, so wie du es auf dem Foto siehst. Das Ende der kurzen Schnur schaut noch ein Stück heraus. b

4 Umwickle den ganzen Griff ganz straff mit dem langen Ende der Schnur. c

5 Fädle das Ende durch die vorher gelegte Schlaufe und ziehe das obere Stück fest und sichere somit auch das untere Ende der Schnur. d

6 Fädle das Blatt am oberen Ende der Schnur auf und klebe den Rest auf der Rückseite fest.

7 Lege das untere Ende zu einer kleinen Schlaufe und klebe es fest. Befestige einen Karabiner daran. Jetzt kannst du deine Taschenlampe lässig an deinen Wanderrucksack clippen.

BASTELN MIT MAMA & PAPA 87

Bananenboot

ZUTATEN PRO PORTION: 1 reife Banane • 1 Riegel Vollmilchschokolade (alternativ Kinderriegel) • 4 Marshmallows • 3 Walnüsse • Zimt

1 Jetzt noch ein Nachtisch! Aber Bananen grillen? Am Lagerfeuer? Klingt komisch, ist aber sowas von lecker! Nimm eine reife Banane und schneide die Schale der Länge nach auf. Achte drauf, dass der Schnitt nicht tiefer als 1 cm ist. a

2 Breche die Schokolade in kleine Stückchen. Klappe nun die aufgeschnittene Bananenschale etwas auseinander und drücke die Schokoladenstücke in das Fruchtfleisch. b

3 Zwischen die Schokolade kannst du Marshmallows legen. Dann kannst du noch die Nüsse dazwischen klemmen (Achtung! Allergiekinder verzichten lieber auf die Nüsse!). c

4 Die Banane legst du mit der geschlossenen Seite auf die Glut am Lagerfeuer oder auf einen Grillrost direkt darüber. Nach 10 Minuten ist die Schokolade geschmolzen und du kannst die Banane vorsichtig vom Lagefeuer nehmen.

5 Zimt draufstäuben und auslöffeln. d

WILDNISREZEPT 89

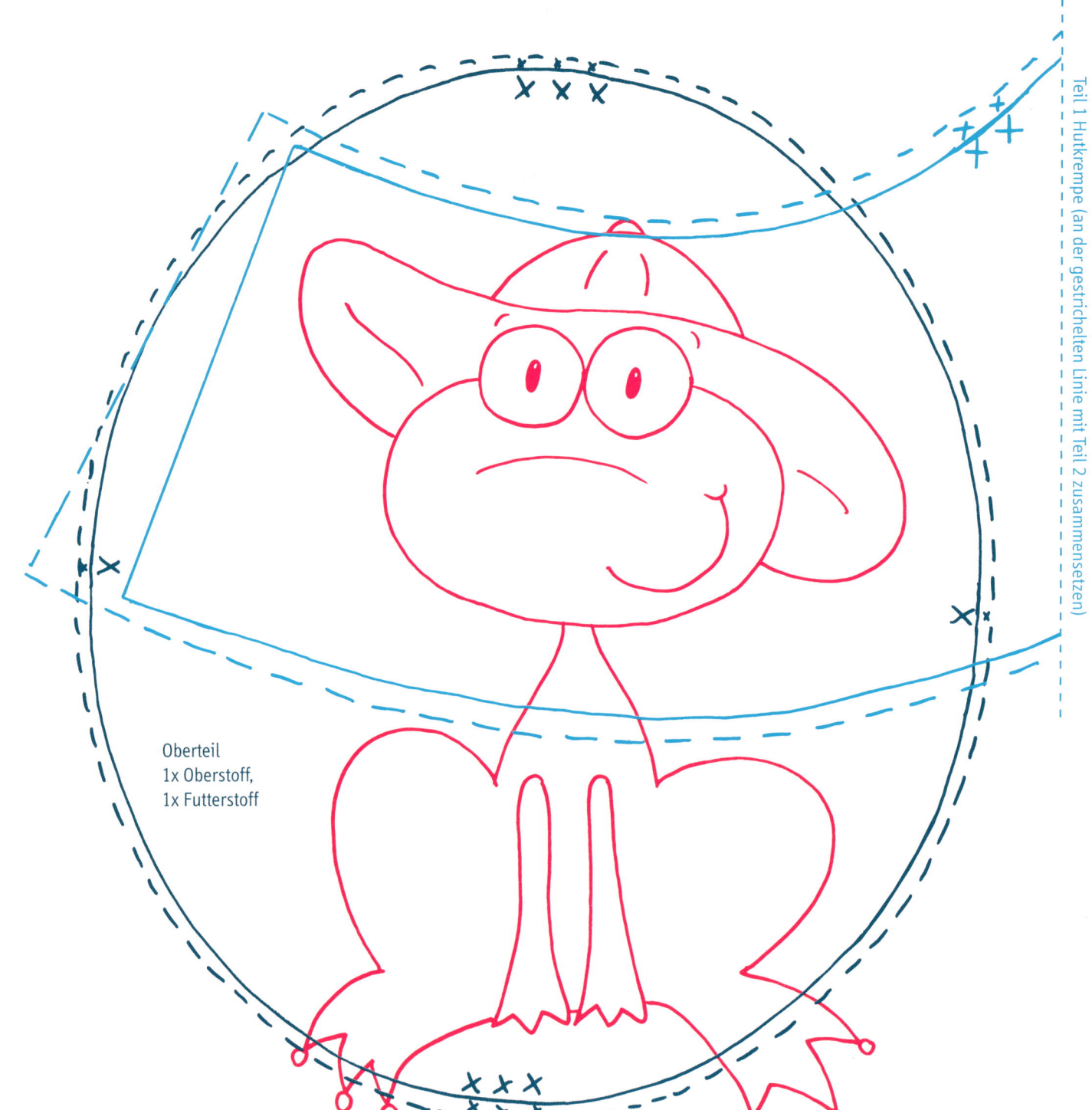

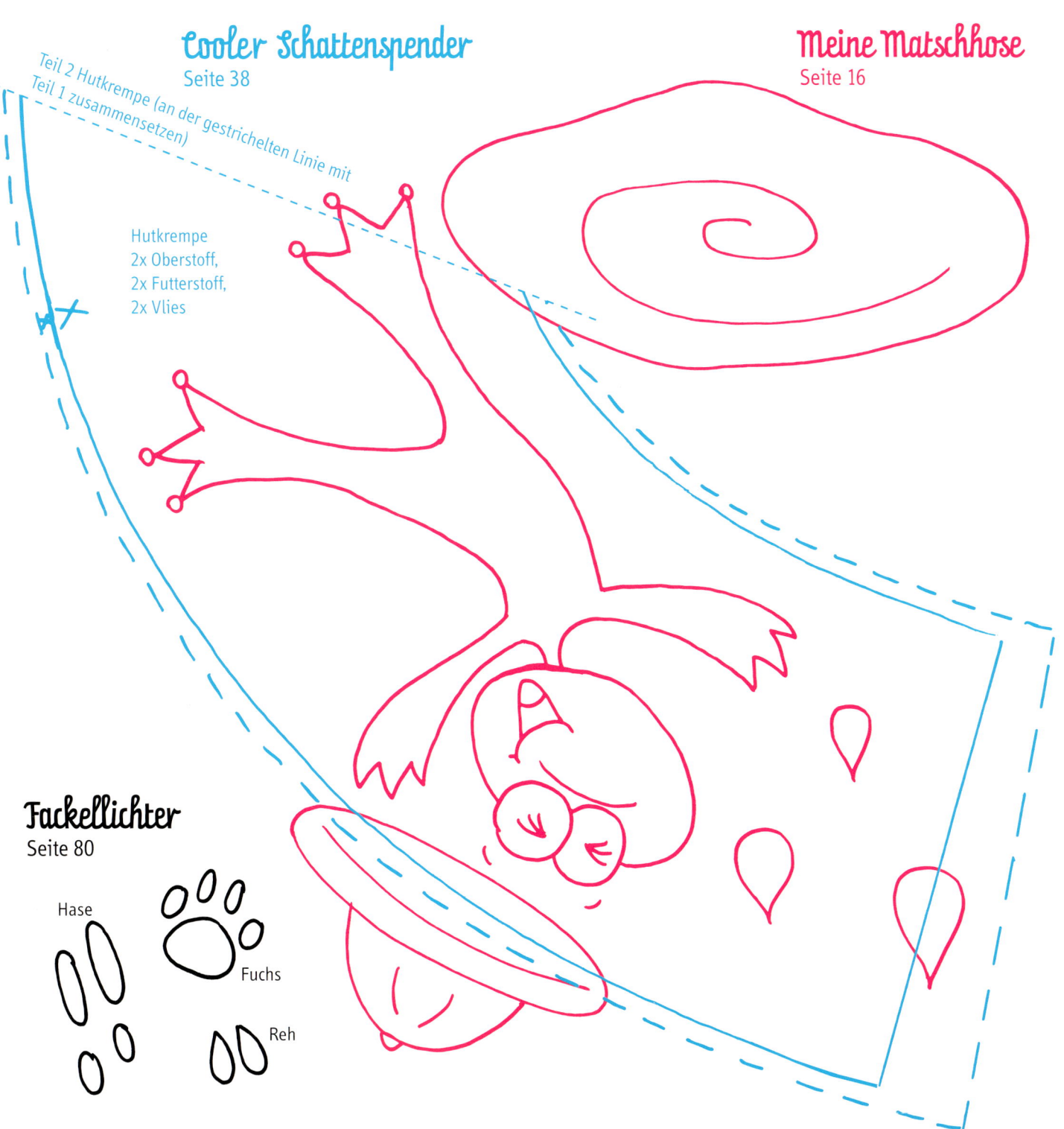

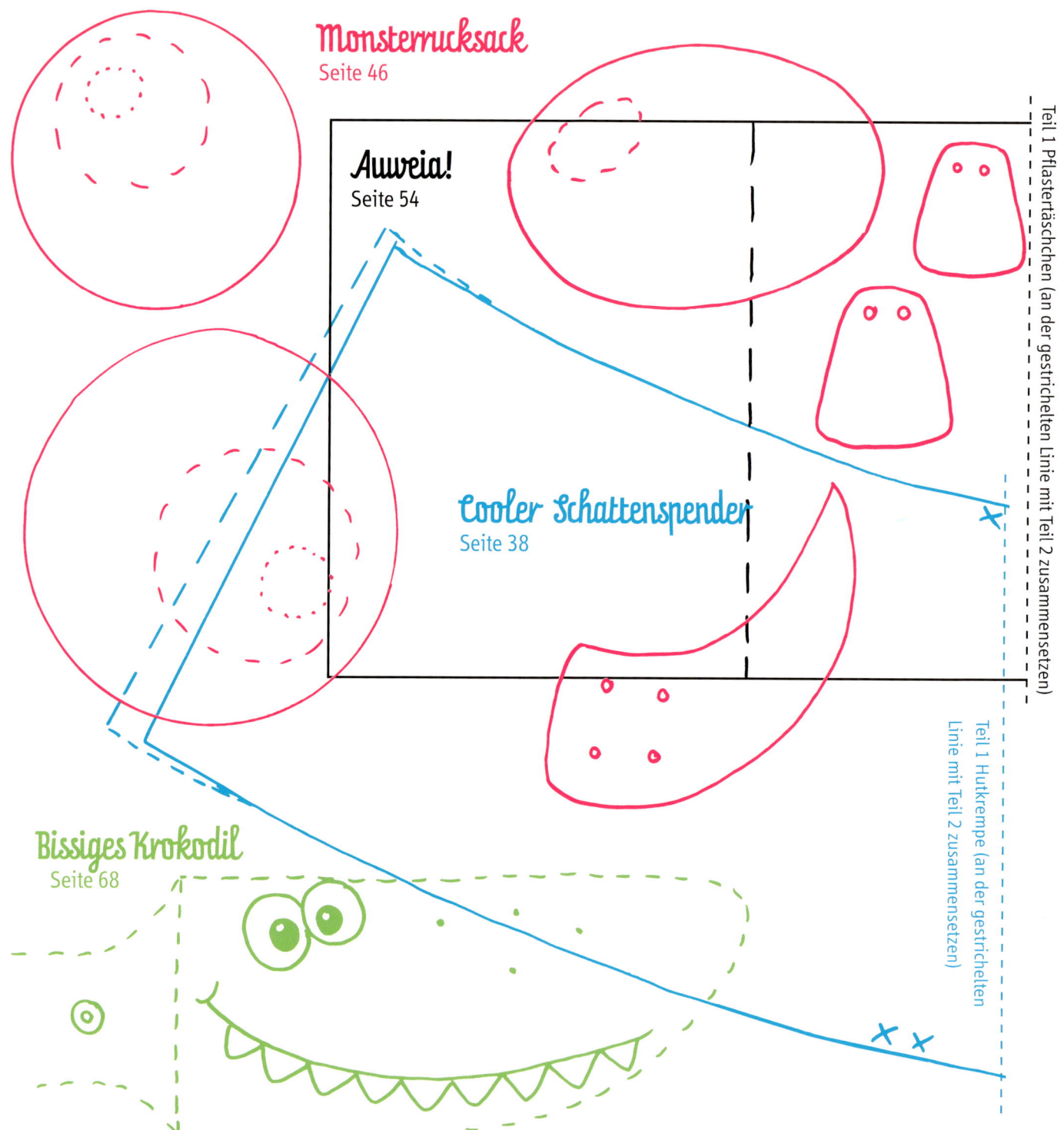

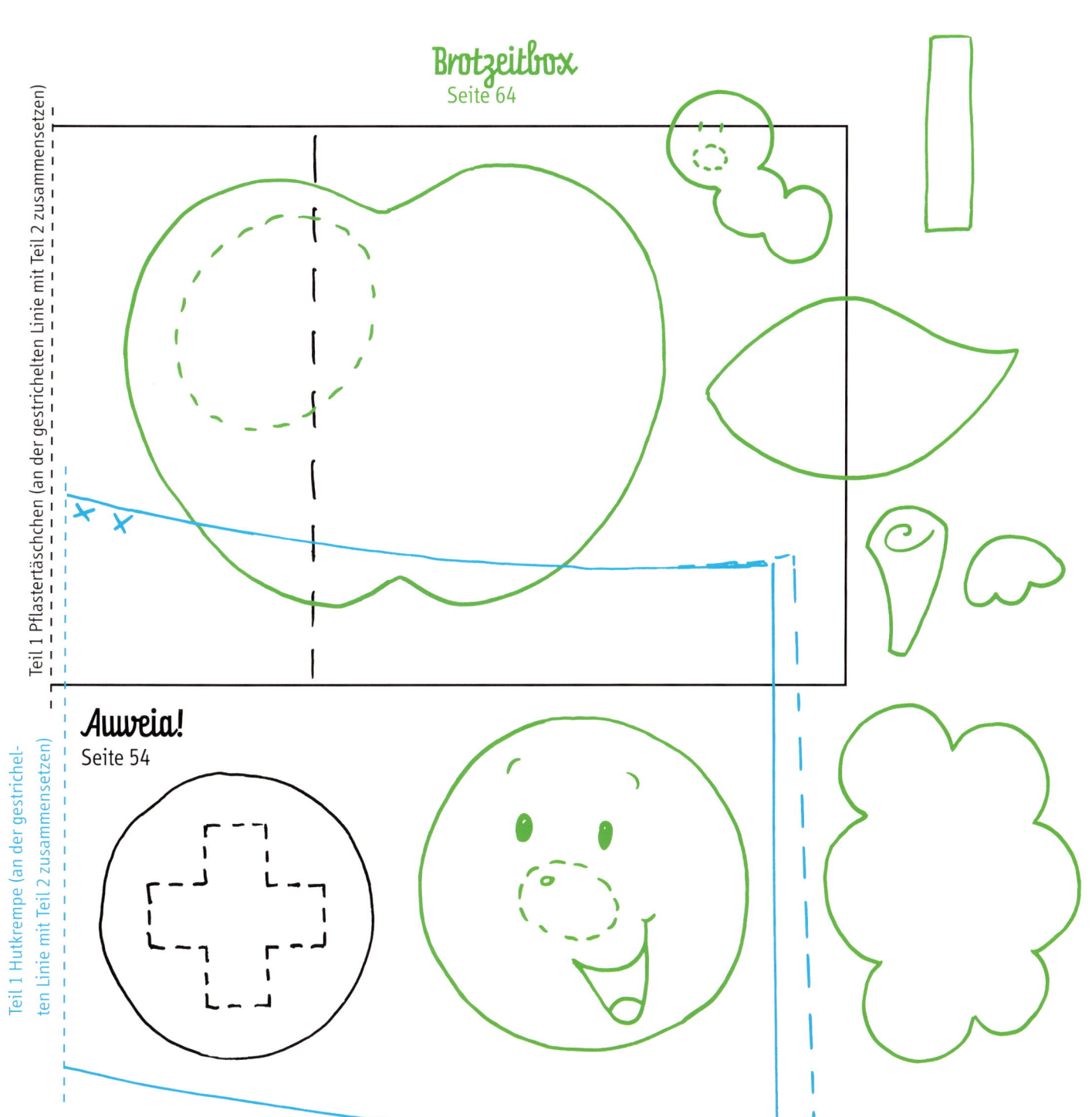

Buchtipps für dich

TOPP 5956
ISBN 978-3-7724-5956-6

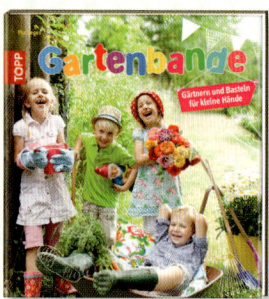

TOPP 5686
ISBN 978-3-7724-5686-3

TOPP 5873
ISBN 978-3-7724-5873-6

TOPP 5799
ISBN 978-3-7724-5799-9

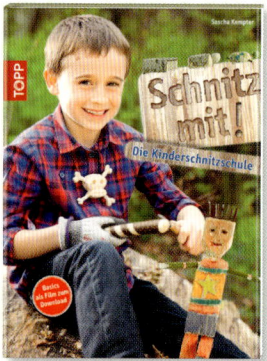

TOPP 5684
ISBN 978-3-7724-5684-8

TOPP 5753
ISBN 978-3-7724-5753-1

TOPP 5695
ISBN 978-3-7724-5695-4

TOPP 5689
ISBN 978-3-7724-5689-3

TOPP 5782
ISBN 978-3-7724-5782-1

Die Autoren

Michael Kühnl

Über die Arbeit in meiner eigenen Natur- und Wildnisschule bin ich zum Kochen am offenen Feuer gekommen. Mich fasziniert dabei, wie unsere Vorfahren zu kochen oder auch einmal etwas ganz Neues auszuprobieren. Wenn ich gemeinsam mit den Kindern am Lagerfeuer leckere Gerichte zubereite, ist das immer mit sehr viel Abenteuer verbunden. Wer mit mir kochen möchte, findet alle Infos hier: www.wildnaturelife.de

Cornelia Elsäßer

Cornelia Elsäßer war schon als Kind draußen, auf Bauernhöfen und in Reitställen unterwegs. Seit ihrer Jugend setzt sie sich aktiv für den Umweltschutz bei Greenpeace ein und war die Umweltreferentin ihrer Schule. Heute ist sie Reitlehrerin und Reittherapeutin und arbeitet als Erlebnis-, Bauernhof-, Niedrigseil-, Elementar- und Wildnispädagogin, klettert und campt gerne. Vor allem aber leitet sie den Wald- und Tierkindergarten Seehaus e.V. in Leonberg.

Eva Wolfsberger

Ich bin mit meinen sechs älteren Geschwistern im schönen Österreich aufgewachsen, wo ich jede freie Minute im Wald oder auf den Bäumen verbracht habe. Nach meinem Diplom als Kindergartenpädagogin habe ich in der Favela „buraço quente" (=heißes Loch) in Sao Paulo einen Kindergarten ins Leben gerufen. Im Jahr 2008 habe ich den Wald- und Tierkindergarten in Leonberg mitgegründet. Freiberuflich arbeite ich als systemische Kinder- und Jugendtherapeutin und nutze, wo immer es geht, die Natur als Hilfsmittel.

Birgit Kaufmann

Birgit Kaufmann, geboren 1982, lebt in der Nähe von Regensburg und hat sich die Eltern-Kind-Basteleien ausgedacht. Ihr Mann und sie sind sehr naturverbunden. Deshalb ist es ihnen besonders wichtig, ihren beiden Kindern zu zeigen, was es draußen alles zu entdecken und zu erleben gibt. Ronja und Louis sollen wissen, wie wertvoll unsere Natur ist und dass man sie schützen muss. Natürlich macht das Erforschen und Entdecken doppelt Spaß mit lustiger, bunter Ausrüstung!

Danke!

Die Redaktion dankt den Naturknirpsen: Leonie, Lukas, Theo, Milena, Luis, Ruby, Tessa, Ronja, Lotta, Jola, Naila, Lia, Lea-Marie und Sophie für ihren Modeleinsatz.

Servicegarantie

Hilfestellungen zu allen Fragen, die Materialien und Bastelbücher betreffen: Frau Erika Noll berät Sie. Rufen Sie an: 05052/911858*

*normale Telefongebühren

Die Redaktion dankt Jako-o für die großzügige Unterstützung.

Kindersachen mit Köpfchen!
www.jako-o.de

Impressum

MODELLE und Arbeitsschrittfotos: Cornelia Elsäßer und Eva Wolfsberger (S.10-15, 22/23, 26-30, 36/37, 41, 44/45, 50, 56/57, 62/63, 66/67, 70/71, 76/77, 84/85), Birgit Kaufmann (S.8/9, 16/17, 34/35, 38-40, 46/47, 54/55, 64/65, 68/69, 80/81, 86/87), Michael Kühnl (S.20/21, 32/33, 48/49, 58/59, 74/75, 84/85, 88/89)
FOTOS: frechverlag GmbH, 70499 Stuttgart; Anja Detzel (S. 4/5, 15 (Enten), 77 (Waldstimmung)), www.fotolia.de (S.14 (Rebel/Seerose, arolina66/Sumpfdotterblume)), GÖG, Gruppe für ökologische Gutachten, 70599 Stuttgart (S.7 (Libelle), 18/19, 25 (Heuschrecke, Schmetterling)), 31, 43 (Eidechse, Fels), 53, 61 (Feuersalamander), 79 (Steinkauz), 84 (Nestling)), Birgit Kaufmann (S.4 (Kind mit Kirschen), 25 (rennendes Kind), 32 (Kind mit Blumenkranz)), Michael Kühnl (S.21 (Calzone), 33 (Salat), 49 (Kartoffeln), 59 (Spiegeleibrot), 75 (Kuchenorange), 83 (Stockbrot), 84 (Lagerfeuer), 89 (Banane)), www.istockphoto.com (S.21 (L-house/Pizzaessen), 88 (madisonwi/Grillen)), Lichtpunkt, Michael Ruder, 70176 Stuttgart (alle übrigen)
PRODUKTMANAGEMENT UND LEKTORAT: Anja Detzel
LEKTORAT: Manuel Feilzer, Köln
LAYOUT UND SATZ: Sophia Höpfner
DRUCK: Livonia Print SIA, Lettland

Materialangaben und Arbeitshinweise in diesem Buch wurden von den Autoren und den Mitarbeitern des Verlags sorgfältig geprüft. Eine Garantie wird jedoch nicht übernommen. Autoren und Verlag können für eventuell auftretende Fehler oder Schäden nicht haftbar gemacht werden. Das Werk und die darin gezeigten Modelle sind urheberrechtlich geschützt. Die Vervielfältigung und Verbreitung ist, außer für private, nicht kommerzielle Zwecke, untersagt und wird zivil- und strafrechtlich verfolgt. Dies gilt insbesondere für eine Verbreitung des Werkes durch Fotokopien, Film, Funk und Fernsehen, elektronische Medien und Internet sowie für eine gewerbliche Nutzung der gezeigten Modelle. Bei Verwendung im Unterricht und in Kursen ist auf dieses Buch hinzuweisen.

1. Auflage 2015
© 2015 frechverlag GmbH, 70499 Stuttgart
ISBN 978-3-7724-7535-1 • Best.-Nr. 7535